Witze über die Eisenbahn

gesammelt
und zusammengestellt
von Michael Seiler
illustriert von Hannes Dänekas

transpress

Impressum

Einbandgestaltung: DÄNEKAS GRAFIK. ILLUSTRATION, 27243 Groß Ippener
Illustrationen: Hannes Dänekas

Der Autor bloggt unter www.seilerseite.de über seine Lieblingsthemen: Bücher und Eisenbahn.

ISBN 978-3-613-71645-2

1. Auflage 2022

Sie finden uns im Internet unter
www.transpress.de

Lektor: Hartmut Lange
Innengestaltung: DÄNEKAS GRAFIK. ILLUSTRATION, 27243 Groß Ippener
Druck und Bindung: Graspo CZ, 76302 Zlin, Printed in Czech Republic

Inhalt

Einleitung

Jede Berufsgruppe hat ihre Witze: Kellner, Lehrer, Polizisten, Pfarrer ...und natürlich auch die Eisenbahner! Leider ist diese Witzekategorie deutlich weniger bekannt, in großen Witzesammlungen, egal welchen Umfangs, kommt sie kaum vor. Die Recherche für dieses Buch führte mich deshalb hauptsächlich in die inoffiziellen Kanäle der Witzkultur – also mündliches Nacherzählen oder seltene Veröffentlichungen in Vereinsmagazinen.

Und siehe da: Die Eisenbahner und Eisenbahnfreunde besitzen nicht weniger Humor als andere Berufs- und Gesellschaftsgruppen, über die man sonst noch Witze reißt. Dabei sind alle Facetten vertreten: von augenzwinkernd aufs Korn genommenen Schrullen der Fans und Fahrgäste des Verkehrsmittels bis hin zu Spitzen gegen das Personal ebenso wie gegen die Obrigkeit oder heutzutage: das Management. Scherzfragen und schräge Fakten ergänzen das Bild, denn nicht alles was auf den ersten Blick lustig erscheint ist auch ein Witz.

Psychologen zufolge sind Witze übrigens auch eine Art Überlebensinstinkt des Menschen. Worüber man lachen kann, das überwindet man auch, seien es Lebenskrisen oder verspätete Züge, Nahtod-Erfahrungen oder verlegte Fahrkarten. Außerdem verbindet Humor Menschen über Generationen, Berufsgruppen und Landesgrenzen hinweg, denn gemeinsam lacht es sich schließlich am besten. Zum Beispiel im Zugabteil, wenn mal wieder die Klimaanlage ausgefallen ist, oder über die Autofahrer im Stau auf der Landstraße neben den Gleisen.

Also: »Fahrt frei« für ein
Witzebuch ausschließlich
über die Eisenbahn!
Sie hat es sich verdient.

Eine vergnügliche Lesereise
wünscht Ihr Michael Seiler

1 Ein 2000-Tonnen-Zug quält sich bei furchtbarem Wetter eine Gebirgsstrecke hinauf. Die Zuglok bedient ein erfahrener Lokführer, die Schublok ein frisch ausgebildeter. Stunden später kommt der Zug endlich auf der anderen Seite an. Im Heizhaus treffen sich beide Lokführer zum Feierabendbier.
Der Meister von der Zuglok meint: »Was für eine Fahrt! Trotz all meiner Erfahrung, freier Sicht und Sandstreuen ging es nur im Schritttempo voran!«
Meint der junge Kollege:
»Das stimmt und wenn ich nicht ständig gebremst hätte, wären wir den Berg runtergerollt!«

2 Die Toilette eines Bahnhofs im Brandenburger Hinterland liegt 50 Meter vom Bahnhof entfernt. An der Tür hängt ein Schild mit folgendem Hinweis: »Schlüssel am Fahrkartenschalter holen!« Darunter, in deutlich kleinerer Schrift: »In dringenden Fällen wenden Sie sich bitte an die DB-Zentrale in Frankfurt am Main.«

3 Ein Fernzug hält auf freier Strecke. Das Signal zeigt rot und weit und breit ist kein Bahnhof zu sehen. Da beschwert sich ein genervter Geschäftsreisender beim Schaffner: »Sagen Sie mal, wie lange soll der Zug eigentlich noch halten?« – »Bei guter Wartung mindestens 20 Jahre!«

4 Am Bahnübergang steht eine lange Schlange: Autos, Fahrräder, Busse, LKW. Außer Atem kommt der Schrankenwärter angerannt und ruft: »Meine Damen und Herren, es kann etwas länger dauern, der Zug hat 70 Minuten Verspätung!«

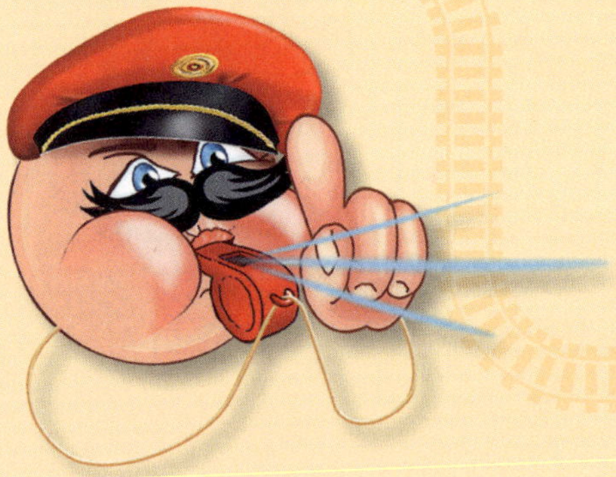

5 Der Pessimist sieht nichts als Dunkelheit. Der Optimist sieht Licht am Ende des Tunnels. Der Realist sieht den Zug im Tunnel. Der Lokführer sieht drei Irre, die im Tunnel auf den Schienen sitzen.

6 Zwei Betrunkene wanken nachts nach Hause. Einer verirrt sich in die U-Bahn-Station und kommt eine ganze Weile nicht zum Vorschein. Später kriecht er aus einem Kanaldeckel an die Oberfläche und trifft zufällig seinen Kumpanen wieder. Der fragt: »Mann, wo hast du denn gesteckt?« – »Keine Ahnung, bei irgendwem im Keller. Aber dem seine Modellbahn hättest du sehen sollen!«

7 **Ein Studienabbrecher hat ein Vorstellungsgespräch bei der Bahn. Aus Gewohnheit kommt er *cum tempore*, also eine Viertelstunde nach der angegebenen Zeit. Im Gespräch wird er gefragt: »Wissen Sie, dass Sie 15 Minuten zu spät sind?« – »Ja, na und?« – »Sie haben den Job!«**

8 **Fahrkartenkontrolle. Der Schaffner sieht die Fahrkarte einer 75-jährigen Seniorin und ruft: »Aber Sie haben ja eine Kinderfahrkarte gelöst!« »Ja, sehen Sie«, sagt die Dame, »wie lange ich auf diesen Zug warten musste.«**

9 **Ein Lokführer und ein Schaffner gehen über den Bahnsteig. Plötzlich ruft jemand: »Hey, du fauler Sack!« Wer dreht sich um?**
Der Lokführer – der Schaffner war zu faul.

10
Lokführer Rudi ist
etwas mehr als 10 Jahre
verheiratet.
Doch mit dem
Nachwuchs
will es einfach nicht klappen.
Wenig später bekommt
seine Frau Vierlinge.
Rudis Kommentar:
»Ein guter Lokführer
holt jede Verspätung
wieder auf!«
DB
DB ...with Love!

11 **Weisheit aus der DDR:**
Hast du einen dummen Sohn, schicke ihn zur Bauunion. Ist er gar noch dümmer, die Reichsbahn nimmt ihn immer. Hast du der Dummen zwei, schick sie zur Polizei.

12 **Weisheit aus Franken:**
Wer nix is und wer nix koo,
der geht zu Post und Eisenboo.
Und wer gar nix wird, wird Wirt.

13 **Was war das wichtigste Bauteil in den Reisezugwagen der Deutschen Reichsbahn?**
Die Scharniere an den Aschenbechern! Sonst hätte man zum Ausleeren den ganzen Zug umkippen müssen ...

14 **Ein Reisender vermisst auf einem Provinzbahnhof die Bahnhofsuhr. Er geht zum Stationsvorsteher und fragt: »Wo sehe ich denn hier die Uhrzeit, zu der mein Zug abfährt?«**
Der Beamte streicht sich den Schnurrbart und meint: »Die Züge fahren hier nicht so oft, wir schauen einfach in den Kalender.«

5
Im Wilden Westen sind
die Gleisbauarbeiter damit beschäftigt,
eine Strecke durch die Wüste zu bauen.
»Mann, mann, mann!«,
stöhnt einer nach dem
hundertsten Gleisnagel,
»Die Schiene ist
aber hart heute!«
Sagt sein Kollege:
»Halte noch ein bisschen durch,
in drei Kilometern
kommt 'ne Weiche.«

16 »Sie steigen sofort aus dem Gepäcknetz und setzen sich auf einen freien Platz!«, schimpft der Schaffner.
»Auf keinen Fall«, ruft der Fahrgast, »immerhin habe ich eine Netzkarte!«

17 Ein Mann fährt jeden Tag dieselbe Strecke mit dem Zug zur Arbeit. An einer bestimmten Stelle seufzt er stets missbilligend, schüttelt den Kopf und murmelt: »Nur faule Idioten bei der Bahn.«
Der Schaffner nimmt das persönlich und fragt ihn eines Tages, was er damit meint.
»Sehen Sie die Gleisbaustelle, an der wir vorbeifahren?«, fragt der Fahrgast. »Die gibt es jetzt schon seit mehreren Wochen und jedes Mal stehen die Arbeiter nur mit den Händen in den Taschen daneben und tun nichts!«

18 Warum gibt es bei der Bahn weniger Unfälle als im Straßenverkehr?
Weil der Lokführer seltener mit dem Heizer schmust.

Fakt 1

Stimmt nicht: Einem weit verbreiteten populären Irrtum zufolge gibt es in Afghanistan keine Eisenbahn.
Tatsächlich existieren zwei Strecken, auf denen allerdings ausschließlich Güterverkehr stattfindet. Schon 1920 gab es eine erste Schmalspurbahn, etwas später ließ die Sowjetunion eine Breitspurstrecke an der Grenze zu Usbekistan bauen.

Fakt 2

Kein Anschluss: Länder ohne aktiven Eisenbahnbetrieb sind unter anderem Island, die Färöer, der Tschad, die Bahamas und Bahrain.

Fakt 3

Gut belüftet: Bis in die 1920er Jahre hinein gab es bei mehreren deutschen Bahngesellschaften eine vierte Wagenklasse – oft ohne Sitzgelegenheiten, ohne Glasfenster (bestenfalls Vorhänge), manchmal auch ohne Dach.

19 Ein Polizist stoppt eine Straßenbahn. »Sie sind zu schnell gefahren!«, sagt er.
»Ich muss meinen Fahrplan einhalten!«, schimpft der Fahrer. Der Beamte: »Diskutieren Sie nicht rum, fahr'n Sie erstmal rechts ran!«

20 Ein Physiker soll erklären, warum es in der Eisenbahn so rumpelt. Man weiß nicht, welches Bauteil dafür verantwortlich ist, also untersucht der Wissenschaftler zuerst die Lok. Von dort kommt es nicht, also kann sie vernachlässigt werden und er nimmt sich die Wagen vor. In jedem rumpelt es gleich viel, deshalb kann das Problem auf einen beliebigen Wagen beschränkt werden. Am Wagenkasten liegt es nicht, also horcht der Physiker darunter. Die beweglichsten Teile des Wagens sind Räder und Achsen, also muss es von dort kommen. Die Achsen sind gut geschmiert, bleiben also noch die Räder. Die Räder sind annähernd als Kreise zu betrachten, deshalb beträgt ihre Fläche Pi mal Radius zum Quadrat. Die Kreiszahl Pi ist eine Konstante, die kann nicht rumpeln. Der Radius bleibt selbst bei längerer Fahrt annähernd konstant, also kann man beides wegstreichen. Was bleibt übrig? Das Quadrat! Und ein Quadrat ist eckig, also rumpelt es!

21 Die großen Führer des Sozialismus fahren mit dem Zug durch Sibirien. Plötzlich enden die Gleise. Was ist zu tun? Lenin sagt: »Alle Rotgardisten aussteigen, Schienen hinten abbauen, vorne wieder anbauen!« Stalin sagt: »Lasst den Lokführer erschießen!« Erich Honecker sagt: »Alle Genossen aussteigen und an den Waggons rütteln, damit der Rest glaubt, dass es weitergeht.«

22 Ein Zug mit zwei Lokomotiven fährt durch die endlose Prärie des amerikanischen Westens. Auf halber Strecke geht eine Maschine kaputt. »Macht nichts«, denkt der Lokführer und setzt die Fahrt mit halber Kraft fort. Einige Kilometer weiter geht auch die zweite Lok kaputt und der Zug bleibt liegen. Der Lokführer macht folgende Durchsage: »Sehr geehrte Damen und Herren, ich habe eine gute und eine schlechte Nachricht für Sie. Die schlechte Nachricht ist, dass beide Maschinen ausgefallen sind und wir hier wohl eine Weile festsitzen werden. Die gute Nachricht ist, dass Sie mit dem Zug unterwegs sind und nicht mit dem Flugzeug.«

23 »He Sie, kommen Sie gefälligst von der Schranke runter!« – »Geht nicht, ich muss sie vermessen.« – »Dann warten Sie doch, bis die Schranke unten ist!« – **»Aber ich soll die Höhe vermessen, nicht die Länge!«**

24 Ein Lüstling steigt in die S-Bahn ein und beginnt eine Mitreisende zu belästigen. Als die ihm eine runterhaut, ruft der empört: »Aber ich dachte, das hier sei ein Triebwagen!« Mischt sich ein Eisenbahnfan ein: »Das ist ein Lokzug, die Triebwagen sind wegen Kupplungsstörung abgestellt.«

25 Ein Banker, ein Autoverkäufer und ein Lokführer sitzen am Stammtisch und unterhalten sich über ihr Weihnachtsgeld. Der Banker protzt: »Ich habe von meinem Weihnachtsgeld meine Sauna renovieren lassen, einen Wintergarten ans Haus gebaut und dann noch vier Wochen Urlaub in der Südsee gemacht.«

Der Autoverkäufer sagt: »Ich habe mir einen neuen Dienstwagen gegönnt, mein Haus auf Solarstrom umgestellt und war dann noch zwei Wochen mit meiner Frau auf Mallorca.«

Der Lokführer druckst herum, bis ihn die anderen schließlich fragen: »Und, was hast du mit deinem Weihnachtsgeld gemacht?«

»Ach, ich hab' mir einen Pullover gekauft«, sagt er.

»Ja und der Rest?«

»Den hat meine Mutter dazu gegeben.«

26 Prüfung auf der Dampflok: Der Lokführer-Azubi wird gefragt, was zu tun ist, wenn er losfahren will. »Ich werfe erst mal ordentlich Briketts ins Feuerloch.« »Und was machen Sie, wenn Sie rückwärtsfahren wollen?« – »Dann drehe ich die Briketts einfach um.«

27 Die Ehefrauen verschiedener Eisenbahner streiten sich darüber, welcher ihrer Männer den wichtigsten Posten hat.
Die Frau des Lokführers sagt zur Frau des Schaffners: »Ihr Mann macht ja gar nichts. Den ganzen Tag lang sitzt er im Zug herum und lässt sich durch die Gegend kutschieren, während mein Mann die ganze Arbeit macht.«
»Von wegen«, empört sich die Frau des Schaffners, »wenn mein Mann pfeift, muss Ihrer abfahren!«
Die Frau des Fahrdienstleiters ruft: »Und wenn meiner Signale und Weichen nicht stellt, dann kann Ihr Mann pfeifen, bis er schwarz wird!«

28 Drei Schnecken wandern
auf einem Bahngleis entlang.
»Achtung«, ruft die erste,
»da kommt ein Zug!«
- KNACK -
»Wo?«
- KNACK -
»Da!«
- KNACK -

29 Text einer Infotafel auf dem Bahnhof:
»Es kann ab sofort wieder zu Verspätungen im Bahnverkehr kommen. Grund dafür ist das Ende des Lokführerstreiks.«

30 Ein Reisender fragt den Bahnhofsvorsteher:
»Wann kommt denn der nächste Schnellzug?«
»In etwa zehn Minuten. Ich würde Ihnen allerdings empfehlen, die S-Bahn zu nehmen.«
»Warum denn das?«
»Die hält hier.«

31 Die Transsibirische Eisenbahn ist seit Tagen unterwegs, doch jetzt hält sie schon seit zwei Stunden auf freier Strecke, mitten in der Tundra.
Ein Reisender fragt den Schaffner: »Warum halten wir denn so lange?«
»Wir haben die Lok getauscht!«
»Gegen eine E-Lok?«
»Nein, gegen Wodka!«

32 Die Bundespolizei entdeckt einen Lebensmüden auf den Gleisen der Schnellfahrstrecke. Die Beamten fragen: »Was machen Sie denn da, wollen Sie überfahren werden?«
»Jawohl!«, antwortet der Lebensmüde.
»Und wozu ist die Tüte mit den Brötchen?«
»Denken Sie ich will verhungern bis hier ein Zug kommt?«

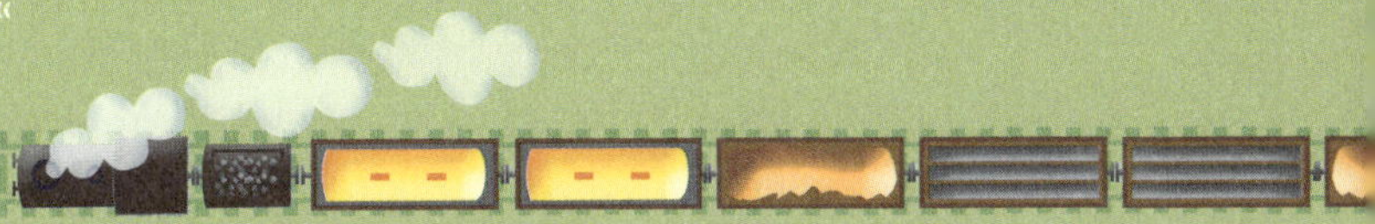

33 Zu Zeiten der DDR-Reichsbahn treffen sich zwei Lokheizer in der Pause. Beide geben damit an, wie viel Kohle sie im sozialistischen Wettstreit eingespart haben. »Im letzten Monat habe ich 100 Mark Kohleprämie bekommen!«, sagt der eine.
Meint der andere: »Das ist gar nichts. Ich habe so viel Kohle gespart, dass wir gar nicht wussten wohin damit! Deshalb mussten wir sie verbrennen.«

Fakt 4

Auf die Plätze: Ein Wettrennen für Dampfloks fand 1829 im britischen Rainhill statt. Dadurch sollte ein geeigneter Loktyp für die *Liverpool and Manchester Railway* ermittelt werden. Sieger wurden George und Robert Stephenson mit ihrer »Rocket« was ihren Schöpfern weltweit Aufträge für neue Lokomotiven einbrachte. Auch die »Adler« der ersten deutschen Personeneisenbahn zwischen Nürnberg und Fürth stammte aus ihrer Fabrik.

Fakt 5

Weißwurst-Signal voraus: Unter Lokführer-Azubis kursiert das sogenannte »gemeine Signalbuch«. Hier finden sich scherzhafte Umdeutungen echter Eisenbahnsignale, unter anderem das »Unterhaltungssignal«, das »Fröhlichkeitssignal« sowie das »Speiseplan-Merkzeichen«.
Der Verfasser ist unbekannt.

34 Ein Grundschullehrer steht mit seiner dritten Klasse am Bahnsteig. Einen Zug nach dem anderen lässt er vorbeifahren. »Tja Kinder«, sagt er, »wir müssen noch warten, da steht überall nur erste und zweite Klasse dran.«

35 »Lassen wir es auf uns zukommen!«, sagte der Lokführer, als er im eingleisigen Tunnel drei weiße Lichter sah.

36 Zwei Betrunkene wanken auf den Bahngleisen nach Hause. »Verflixt«, schimpft der eine, »hört denn diese blöde Treppe nie auf?«
»Meine Rede«, sagt der andere, »wenn bloß das Geländer nicht so niedrig wäre.«
Plötzlich nähert sich von hinten ein Zug. Beide rennen los, immer den Gleisen nach.
»Wie lange kannst du noch?!«, ruft der erste.
»Wenn nicht bald eine Weiche kommt, sind wir verloren!«

37 Ein Bahningenieur wird gefragt, ob die Neubaustrecke eingleisig oder zweigleisig wird. Seine Antwort: »Also wir haben zwei Bautrupps, die jeweils an einem Ende der Strecke zu bauen beginnen. Wenn sie sich in der Mitte treffen, dann wird die Strecke eingleisig, wenn nicht, dann wird sie zweigleisig.«

38 Ein Pilot kommt zum Bahnhof und stöhnt:
»Oh nein, jetzt streiken die schon wieder!«
Ein Lokführer kommt zum Flughafen und stöhnt:
»Oh nein, jetzt streiken die schon wieder!«

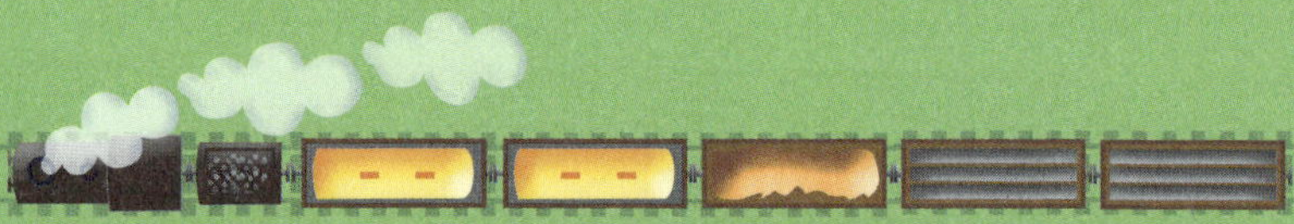

39 Ein Tourist aus der Schweiz fragt am Bahnhof in Deutschland: »Sagen Sie bitte, wann kommt hier das Bähnli?« – »Welches Bähnli?«, fragt der verwirrte Bahnhofsvorsteher.
»Na, das Zügli da!« – »Wieso ›Zügli‹? Würden Sie gerne ›Fahrgästli‹ genannt werden?«

40 Der Sohn des Schaffners kommt am ersten Schultag schlecht gelaunt nach Hause: »Von wegen erste Klasse – dort gab es überall nur Holzbänke!«

41 Panischer Anruf im Stellwerk: »Auf dem Bahndamm liegt ein Gleis!«
»Das muss so«, sagt der Fahrdienstleiter und legt wieder auf. Als der Zug durch ist, klingelt das Telefon erneut: »Jetzt haben sie den alten Mann übelfahlen ...«

42 Auf einer Nebenbahn ist ein Triebwagen entgleist. Händeringend kommt der Betriebsleiter zum Lokführer und fragt ihn, wie das nur passieren konnte.
»Weiß nicht«, sagt der, »ich war gerade im Zug unterwegs, Fahrkarten kontrollieren.«

43 Eine betagte Dame ruft bei der Telefonauskunft der Bahn an: »Sagen Sie, wie lange dauert die Fahrt mit dem ICE von München nach Frankfurt?«

»Einen Augenblick …«, sagt die Stimme am Telefon.

»Danke«, erwidert die Anruferin und legt auf.

44 Der Vorarbeiter instruiert zwei Gleisbauarbeiter: »Ihr müsst die Spurweite nachmessen, auf der Strecke gibt es eine Gleisverwerfung. Die erkennt ihr daran, dass sich die Schienen verengen.« Die beiden packen ihre Ausrüstung zusammen und laufen los. Nach Stunden haben sie die Stelle immer noch nicht gefunden und beschließen wieder umzukehren. Als sie über die Schulter schauen meint der eine: »Guck, dort hinten verengen sich die Schienen, wir müssen vorbeigelaufen sein!«

45 Der kleine Paul hat mit der Mama die Oma zum Bahnhof gebracht. Als der Zug anfährt sagt die Mama: »Schau Paule, jetzt fährt die große Tuff-Tuff los!« »Aber Mama«, protestiert der Kleine, »das ist keine Tuff-Tuff sondern ein Desiro-Dieseltriebwagen der Baureihe 642 mit 550 kW Leistung und einer beachtlichen Höchstgeschwindigkeit von 120 km/h!«

46 Spätabends fragt ein Reisender den Bahnhofsvorsteher: »Sagen Sie, wann fährt denn hier der letzte Zug?« Die Antwort: »Na, das werden wir hoffentlich nicht mehr erleben!«

47 Ein Japaner hilft bei der Deutschen Bahn aus. Jeden Morgen erscheint er pünktlich auf die Minute zum Schichtbeginn. Jedes Mal, wenn er an den rauchenden Kollegen vorbeiläuft, murmelt er einen Satz auf Japanisch und verbeugt sich. Die anderen Eisenbahner rätseln, was er da wohl sagt, deshalb fragen sie einen Dolmetscher. Der antwortet: »Ihr Kollege sagt: ›Verzeihen Sie, aber ich werde mich an Ihrem Streik nicht beteiligen.‹«

48 **Ein Verwaltungsangestellter der Bahn steht mit Klemmbrett und Bleistift in der Bahnhofshalle und zählt laut die Neonröhren an der Decke: »... 72, 73, 74 ...«**
Ein wartender Reisender fragt, was er da macht.
»Ich wurde beauftragt, die Anzahl der Neonröhren an dieser Stelle zu ermitteln.« Der Reisende fasst sich an den Kopf: »Aber das ist doch ganz einfach! Da sind zehn Reihen mit jeweils zehn Lampen und jede Lampe enthält zwei Röhren. Macht zusammen 200 Stück.«
»Kann schon sein«, sagt der Beamte, »aber ich soll die genaue Anzahl ermitteln.«

Fakt 6

Eisenbahnkrankheiten:

… wurden ab Mitte des 19. Jahrhunderts von mehreren Ärzten diagnostiziert. Quasi jede Art von Erschöpfung, Angstattacke oder Verdauungsbeschwerden nach einer Reise mit dem neuen Verkehrsmittel wurde darauf zurückgeführt, dass der menschliche Körper für diese Art Belastung nicht geeignet sei.

Brockhaus' Kleines Konversations-Lexikon von 1911 führt unter diesem Begriff nur noch Krankheiten, »denen das Fahr-, besonders das Maschinenpersonal der Eisenbahnen infolge ihres Dienstes ausgesetzt ist«.

49 Zwei Polizisten stehen nach Feierabend an der Straßenbahnhaltestelle. »Mit welcher Bahn musst du denn fahren?«, fragt der eine. »Mit der Linie Zwei«, sagt der andere. »Ich muss die Eins nehmen«, sagt der Erste. »Guck mal, dort kommt eine Zwölf, dann können wir ja zusammen fahren!«

50 Der Schaffner kontrolliert die Fahrkarten. Plötzlich steht ein Fahrgast auf und knallt ihm eine. »Was soll das denn?«, ruft der Schaffner und hält sich die Backe. »Seh'n sie doch«, grinst der Fahrgast, »ich habe eine Zuschlagkarte.«

51 Prüfung auf dem Stellwerk.
Der Prüfer fragt: »Was machen Sie, wenn Sie auf einer eingleisigen Strecke zwei Züge aufeinander zurasen sehen?«
»Ich rufe meine Frau an.«
»Warum denn das?«
»Die hat sowas auch noch nicht gesehen.«

52 Eine junge Dame hetzt auf den Bahnsteig, doch der Zug fährt ihr vor der Nase weg. »Na, haben Sie den Zug verpasst?«, fragt ein älterer Herr mit gönnerhaftem Unterton.
»Nein«, kontert die Frau, »ich wollte ihn verjagen!«

53 Hugo steigt angetrunken in die Straßenbahn. Einem Uniformierten will er Geld für die Fahrkarte geben. Der faucht ihn an: »Was soll das? Ich bin Admiral!«
»Verflixt nochmal«, schimpft Hugo, »wie komme ich denn auf ein Schiff?«

54 Am Bahnsteig spricht ein Reisender einen Mann in auffallend teurer Kleidung an: »Entschuldigung, könnten Sie für einen Moment auf meinen Koffer aufpassen?«
»Na hören Sie mal«, entrüstet sich dieser, »ich bin kein einfacher Bahnangesteller sondern Aufsichtsratsvorsitzender einer internationalen Großbank!«
»Gut, dass Sie das sagen«, meint der Reisende, »dann frage ich lieber jemanden, dem ich vertrauen kann.«

55 Eine Frau klagt ihrer Freundin ihr Leid: »Mein Mann hat mich verlassen!«
»Ach, der kommt bestimmt wieder zurück.«
»Dieses Mal nicht. Er hat seine Modellbahn mitgenommen!«

56 Ein Straßenbahnfahrer im Moskau der Sowjetzeit ruft in den Wagen: »Haltestelle ›Schnapsladen‹! Nächster Halt: Ende der Warteschlange!«

57 Zwei Senioren fahren erstmals mit dem ICE. Lautlos, pünktlich und nahezu ruckelfrei fährt der Zug an. »Sag mal, fahren wir jetzt schon?«, fragt die Frau. »Na klar«, knurrt der Mann, »oder denkst du, die tragen draußen die Häuser für dich vorbei?«

Fakt 7

Große Gleise: Die größte Spurweite der Welt betrug mehr als fünf Meter. Die *Brighton and Rottingdean Seashore Electric Railway* hatte eine Spurweite von insgesamt 5.486 mm (18 Fuß) auf einem Paar Doppelgleisen, der einzige Triebwagen fuhr auf etwa 7 m hohen Stelzen, während sich die Räder und Gleise der Küstenbahn bei Flut unter Wasser befanden.

Fakt 8

Lok zu Fuß: In der Frühzeit der Eisenbahn glaubten einige ihrer Väter nicht, dass die Haftreibung der Räder genügt, um die schwere Maschine zu bewegen. Neben den ersten Zahnradlokomotiven brachte diese Annahme auch eine Dampflok mit hinter dem Kessel montierten eisernen Füßen hervor, die die Lok vorwärtsschoben.
Die Maschine explodierte 1815, das Prinzip wurde nie wieder angewandt.

58 Wie heißen die vier Feinde der Eisenbahn? Frühling, Sommer, Herbst und Winter.

59 Die letzten Worte ...

... des Fahrleitungstechnikers:
»Gut, dieser Abschnitt ist stromlos.«
... des Gleisbauarbeiters:
»Ach, der Zug da fährt auf dem Nebengleis.«
... des Fahrdienstleiters:
»Lademaßüberschreitungen können meinem Stellwerk nichts anhaben.«
... des Lokführers:
»Eigentlich ist die Strecke doch eingleisig.«
»Seit wann ist dieses Signal denn grün?«
»Gestern stand die Weiche noch anders.«

60 Ein unbeschrankter Bahnübergang ist stärker als jeder Joint: Ein Zug und du bist weg!

61 Durch einen Fehler im Buchungssystem landen eine Frau und ein Mann, die sich vorher noch nie begegnet sind, gemeinsam in einem Schlafwagenabteil. Man arrangiert sich, er liegt im unteren Bett, sie oben. Nach einer Weile fragt der Mann: »Hätten Sie zufällig noch eine Decke für mich? Hier unten ist es ziemlich kalt.«
»Ich weiß etwas Besseres«, sagt die Frau, »wollen wir für eine Nacht so tun, als ob wir verheiratet wären?«
»Äh, ja, gern, wenn Sie meinen«, murmelt der Mann überrascht und rutscht in seinem Bett aufgeregt zur Seite.
»Gut«, sagt die Frau, »hol dir deine blöde Decke selber!«

62 Kurz vor der Abfahrt des Zuges ruft der Schaffner dem Aufsichtsbeamten zu: »Fertig!«
Da öffnet sich das Fenster des Aborts und eine ältere Dame ruft: »Nein, noch nicht ganz!«

63 Was ist der Unterschied zwischen dem Bahn-Management und dem Eiffelturm?
Beim Eiffelturm sitzen die dicken Nieten unten.

64 Und dann waren da noch …
… der Zugführer, der nur Bahnhof verstand und …
… der Rangiermeister, der wegen Kuppelei angeklagt wurde.

65 Egal wie gut du fährst – Züge fahren Güter!

66 In welchen Zug passt nur ein Mensch?
In den Anzug.

67 Karl und Otto stehen in der Kneipe und trinken ein Bier nach dem anderen. Da sagt Otto: »Ich geh jetzt besser nach Hause, meine Frau lässt mich nicht rein, wenn ich besoffen bin.«
Darauf meint Karl: »Pass auf, da habe ich einen guten Trick für dich. Wenn ich betrunken nach Hause komme, ziehe ich mich schon draußen nackt aus, drücke den Klingelknopf und wenn meine Frau die Tür öffnet, schmeiße ich meine Klamotten in die Wohnung und schreie ganz laut: ›Schatz, hier bin ich!‹ Dann hat sie Panik, dass es die Nachbarn mitkriegen und zieht mich ganz schnell in die Wohnung.«
Otto: »Super Idee, das probiere ich auch aus.«
Am nächsten Tag treffen die beiden sich wieder.
»Na Otto, wie ist es gelaufen?«
»Furchtbar! Ich habe alles so gemacht, wie du es gesagt hast. Ich habe mich draußen nackt ausgezogen. Dann habe ich auf den Knopf gedrückt. Als die Tür aufging, habe ich meine Klamotten reingeschmissen ...

… und laut geschrien:
›Schatz, hier bin ich!‹«
»Ja, und was ist dann passiert?«
»Dann ging die Tür zu und
die S-Bahn
ist weiter gefahren!«
Tür auf!
Tür auf!
2

68 Was steht auf dem Grabstein eines Eisenbahners?

69 In der Berliner S-Bahn: Ein Kind beschmiert mit Schokoladenfingern die Scheibe. Ein Mann fragt die Mutter des Kindes: »Darf dat dat?«
Die Mutter: »Dat darf dat.«
Darauf der Mann tadelnd: »Dat dat dat darf.«

70 »Mein liebes Fräulein«, sagt der ostfriesische Gynäkologe zur jungen Mutter, »Sie erwarten ein Baby, also wenn Sie das Kleine sicher austragen wollen, dann müssen Sie beim Verkehr sehr vorsichtig sein!«
»Gut, Herr Doktor, ab heute fahre ich nur noch mit der Straßenbahn!«

71 Service wird bei der Bahn großgeschrieben. Warum? Weil es ein Substantiv ist.

72 Was heißt »massive Verspätung« auf Chinesisch?
Doi Che Ban.

Fakt 9

Dampfzug als Filmstar: Einer der ersten öffentlich aufgeführten Filme überhaupt handelt von der Ankunft eines Zuges. Und so heißt er auch: »Die Ankunft eines Zuges auf dem Bahnhof in La Ciotat« wurde 1895 von den Gebrüdern Lumière gedreht und wenig später einem erstaunten Publikum vorgeführt.

Fakt 10

Kreisverkehr: Die erste kommerziell betriebene Personeneisenbahn verkehrte auf einem Rundkurs. Richard Trevithick, Erfinder der Dampflokomotive, führte seine Maschine *Catch Me Who Can* auf einer kreisförmigen Strecke in London vor, eine Fahrt kostet zwei Shilling. Mangels Publikumsinteresse wurde der Betrieb schon nach zwei Monaten eingestellt.

Fakt 11

Der Zar am Regler: Boris III. von Bulgarien (1894 – 1943) war Eisenbahnfan und fuhr gelegentlich selbst Dampflokomotiven. Eine Leidenschaft, die er unter anderem mit seinem Vater Ferdinand I. teilte.

73 Die U-Bahn ist überfüllt. Ein großer junger Mann sagt zu der neben ihm stehenden Dame: »Da oben links ist ein Haltegriff!«
»Danke, ich habe schon einen!«, sagt sie.
»Ich weiß, aber ich muss jetzt leider aussteigen.«

74 Irgendwo in Rheinhessen fragt ein auswärtiger Reisender den Bahnhofsvorsteher, wie er durch die Unterführung zum Zug auf dem Nachbarbahnsteig kommt. Die Antwort: »Ennunner, enniwwer, ennuff unn ennoi.«

75 »Sagen Sie Herr Schaffner, warum hat der Zug denn bei diesem herrlichen Sommerwetter so viel Verspätung?«
»Naja, bei Hitze dehnen sich die Schienen aus, also ist die Strecke deutlich länger.«

76 Sagt ein Fahrgast zum andern: »Ich verstehe einfach nicht, warum die Bahn so hohe Schulden und nie Geld für die Sanierung von Nebenstrecken hat. Hier liegt doch überall Schotter!«

77 Kommt ein Mann zum Arzt. Der verschreibt ihm ein Medikament mit folgender Anweisung: »Sie müssen die Tabletten in einem Zug runterschlucken.«
»Sehr gut«, meint der Patient, »ich bin nämlich Lokführer.«

78 »Papa, weißt du, welcher Zug die größte Verspätung hat?«
»Nein, mein Sohn, welcher denn?«
»Der, den du mir letztes Jahr zu Weihnachten schenken wolltest.«

79 Ein Reisender fragt den Stationsvorsteher:
»Sagen Sie, wann kommt denn der nächste Zug?«
»Kommt drauf an, wo wollen Sie denn hin?«
»Auf die Toilette.«

80 Am Bahnübergang wundert sich der Lokführer:
»Komisch, immer wenn ich hier vorbeifahre, sind die Schranken geschlossen ...«

81 Ein Fahrgast beschwert sich am Schalter über die viel zu hohen Fahrkartenpreise: »Das ist doch viel zu teuer! Haben Sie kein günstigeres Angebot?«
»Schon«, erwidert der Bahnangestellte, »aber dafür brauchen Sie ein Fell und eine Schnauze.«

82 Der Schaffner erwischt einen Fahrgast, der für seinen riesigen Hund nur eine Kinderfahrkarte gelöst hat: »Der muss voll zahlen!«
»Na gut«, sagt der Fahrgast, »aber dann bekommt er auch einen Sitzplatz!«
»Natürlich«, grinst der Schaffner, »aber die Füße bleiben auf dem Boden!«

83 Klassenfahrt mit der Eisenbahn. Fritzchen muss aufs Klo, danach findet er aber sein Abteil nicht mehr. Er bittet den Schaffner um Hilfe. »Weißt du noch, wie es bei euch ausgesehen hat?«, fragt der. »Ja«, sagt Fritzchen, »vor dem Fenster ist eine Wiese mit Kühen.«

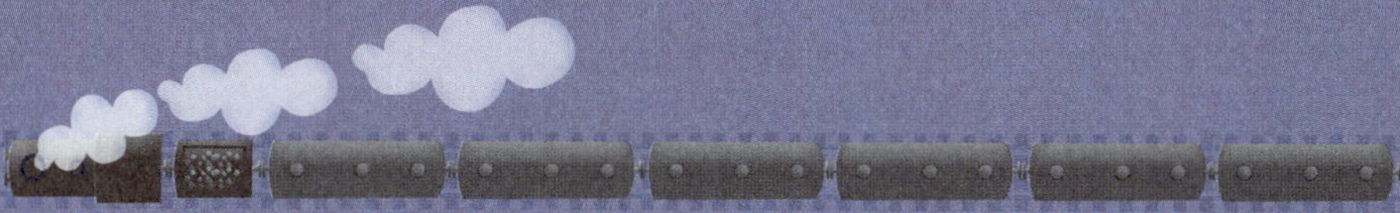

Fakt 12

Rote Räder: Die einheitliche Rotfärbung des Fahrwerks aller Reichsbahn-Dampfloks ist kein Zufall. Dieser Farbton ermöglicht eine bessere Erkennbarkeit feiner Risse im Stahl, die schnell zur Gefahr für Mensch und Material werden können.

Fakt 13

Buchstabengesicht: Das Design der Stirnfront der elektrischen Triebwagen der Baureihe 490 bildet ein großes silbernes »H«, das symbolisch für »Hamburg« steht. Die Triebzüge verkehren seit 2016 auf dem S-Bahnnetz der Freien und Hansestadt.

84 Eine alte Frau läuft mit großen Schritten am Bahnhof der Bimmelbahn vorbei. »Wollen Sie nicht mitfahren?«, ruft der Stationsvorsteher.
»Nein, nein«, ruft die Dame, »heute hab' ich's ganz eilig!«

85 Ein Mann will eine Fahrkarte am Schalter kaufen.
»Wohin?«, fragt der Beamte.
»Das geht Sie überhaupt nichts an!«

86 Ein Urlauber quetscht sich mit zwei Koffern in ein volles Abteil. »Sehen Sie nicht, dass hier alles überfüllt ist?«, schimpft ein Fahrgast ungehalten.
»Bestens«, sagt der Neuankömmling, »mein Arzt hat gesagt, dass ich meinen Urlaub in vollen Zügen genießen soll.«

87 Ein Mann wird bei einem Eisenbahnunfall verletzt, kommt aber relativ glimpflich mit einem gebrochenen Bein davon. Sobald er wieder laufen kann, humpelt er in ein Modelleisenbahngeschäft und verlangt alle Züge aus dem Schaufenster. Er bezahlt und holt einen Vorschlaghammer aus dem Rucksack. Vor den Augen des entsetzten Verkäufers zertrümmert er die Modellbahn mit kräftigen Schlägen. »Was tun Sie denn da?!«, kreischt der Verkäufer. Wütend schnaufend entgegnet der Kunde:

»Man muss diese Biester erledigen, solange sie noch klein sind!«

88 Ein Schaffner der Schweizerischen Bundesbahnen wird gefragt: »Wo gibt es denn hier Fahrkarten zu kaufen?«
»Bei uns heißt es nicht Fahrkarte sondern Billet.«
»Also gut, wo kann ich ein Billet kaufen?«
»Am Fahrkartenschalter.«

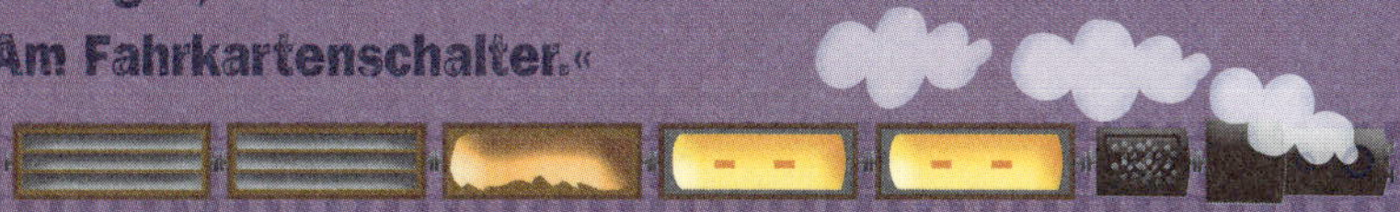

89 Ein junger Dampflokführer hat seinen ersten Arbeitstag. Der altgediente Kollege spricht ihn an: »Nehmen Sie bitte den Besen und kehren Sie den Führerstand.«
Der Junge ist empört: »Aber ich komme doch von der Lokfahrschule!«
»Oh, Entschuldigung, ich zeige Ihnen gleich, wie das geht.«

90 Ein Physiker, ein Biologe und ein Mathematiker sitzen an einer S-Bahn-Haltestelle. Ein leerer Zug hält an. 15 Leute steigen ein, 16 wieder aus. Der Physiker ist etwas verwirrt wegen dieser Menge. Er mutmaßt: »Messfehler!« Der Biologe tippt anders: »Natürliche Vermehrung.« Der Mathematiker ist sich bewusst, dass so etwas in einer S-Bahn undenkbar ist und hat die Lösung: »Wenn noch einer einsteigt, ist keiner mehr drin.«

91 Zwei ostfriesische Lokführer-Azubis unterhalten sich: »Und, hast du die Prüfung endlich bestanden?«
»Nee, bin schon wieder durchgefallen.«
»Wie hast du das denn geschafft?«
»Da war eine Signaltafel, auf der stand eine 30. Also habe ich dreißigmal die Lokpfeife betätigt.«
»Und warum bist du durchgefallen? Hast du dich verzählt?«

92 Eine Kompanie Soldaten erhält den Auftrag, einen Bahnhof hinter den feindlichen Linien zu sabotieren, um den Nachschub zu unterbinden. Nach einigen Stunden melden sie sich wieder zurück. »Befehl ausgeführt, Herr Oberst!«
»Sehr gut Männer! Wie haben Sie den Bahnhof zerstört?«
»Das war unnötig, Herr Oberst, wir haben einfach alle Fahrkarten beschlagnahmt.«

93 Ein Bayer fragt einen Preußen: »Sagen's mal, wann kommt denn hier der nächste Zug?«
»Dit kann nich' mehr lange dauern«, sagt der Preuße, »die Gleise liegen ja schon da.«

94 Ein Modellbahner fragt den anderen: »Wie viel Schotter hast du denn für das Einschottern deiner Gleise gekauft?«
»Insgesamt sieben Eimer«, sagt der andere. Also geht sein Freund los und kauft sich sieben Eimer Gleisschotter. Nach einer Weile treffen sie sich wieder.
»Warum erzählst du so einen Unfug? Ich habe jetzt noch vier Eimer übrig!«
»Ja«, sagt der andere, »das war bei mir damals auch so.«

95 Ein schwerhöriger Rentner kommt im Münchner Bahnhof an den Fahrkartenschalter und verlangt eine Fahrkarte nach Hamburg. Die Verkäuferin fragt:
»Fahren Sie über Berlin oder Köln?«
»Wie bitte?!«
»Über Berlin oder über Köln?!«
»Nein, nein, über Ostern!«

Fakt 14

Mikro-Modellbahn: Die bekannte Spur Z ist mit einem Maßstab von 1:220 längst nicht mehr die kleinste Nenngröße. Noch kleiner sind ZZ (Maßstab 1:300), T (1:480) und TY (alles unter 1:480). Die Fahrzeuge verfügen zwar zum Teil über eigene Motoren, müssen aber aufgrund ihres geringen Gewichts oft von starken Magneten auf den Gleisen gehalten werden.

Fakt 15

Eisenbahn-Büchse: In Japan kursieren Einwegverpackungen für Mahlzeiten zum Mitnehmen (Bentō), deren Form den dortigen Shinkansen-Zügen nachempfunden wurde. Viele Bahnhöfe bieten diese sogenannten *Ekiben* an, die häufig variantenreich aus lokalen Spezialitäten zusammengestellt werden. Die Tradition dieser Darreichungsform reicht bis ins Jahr 1885 zurück.

96 Ein Schichtleiter fragt die junge S-Bahn-Schaffnerin: »Du bist doch jetzt schon so oft im Führerstand mitgefahren, da könnten wir dich doch für den Notfahrplan einteilen, wenn die Lokführer wieder streiken. Im Grunde macht doch die Technik alles für dich, du musst nur ein paar Knöpfe drücken.«
»Das würde ich ja gerne«, sagt die Schaffnerin, »aber ich bin schon mal bei der Prüfung durchgefallen. Ich wurde gefragt, wie hoch der Luftdruck in den Radreifen sein muss. Das habe ich nicht gewusst.«
»Was, das weißt du nicht?«, empört sich der Schichtleiter, »warte, ich finde das raus ...«

97 An der Grenze gehen zwei Zollbeamte durch den Zug und fragen laut vernehmlich: »Tabakwaren, Alkohol, Schokolade, Kaffee?« Eine ältere Dame lächelt freundlich und erwidert: »Danke, für mich bitte einen Kaffee mit zwei Stückchen Zucker.«

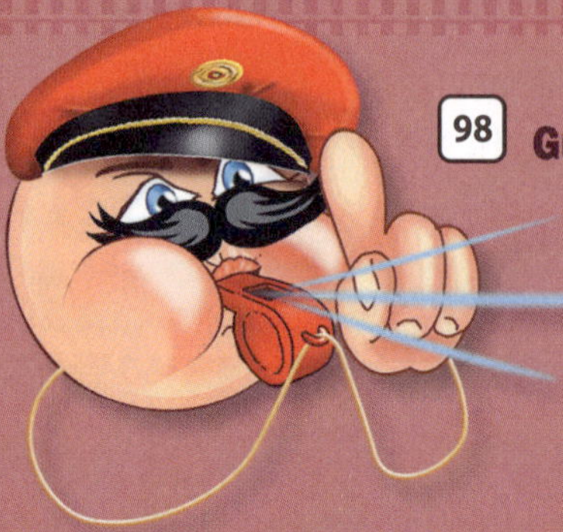

98 Gute Frage: Dürfen Angestellte der Deutschen Bahn mit dem Zug zur Arbeit kommen oder müssen sie pünktlich sein?

99 Im Bürogebäude des Bahn-Managements werden die Aufzüge und Treppen abgebaut. Warum? Ganz einfach: Die Mitarbeiter seilen sich ab, die Kunden gehen die Wände hoch und der Vorstand schwebt über allem.

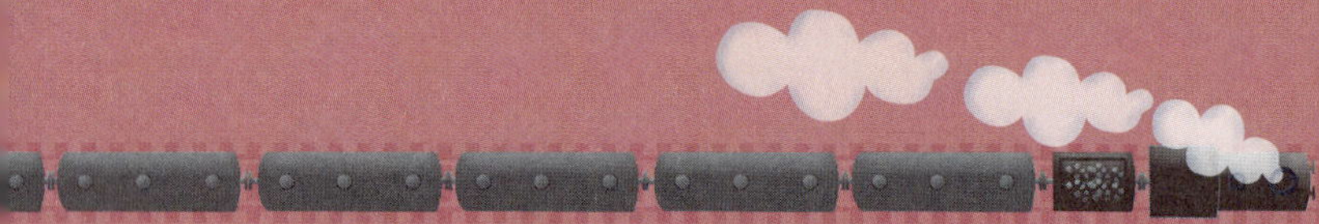

100 Fahrkartenkontrolle. Der Schaffner bemängelt: »Sie haben eine Fahrkarte nach Hamburg gelöst, aber dieser Zug fährt nach Wien!«
»Ja sapperlot«, schimpft der Fahrgast, »warum sagt denn keiner dem Lokführer, dass er falsch abgebogen ist?!«

101 Eine Frau kommt in die Drogerie und verlangt einen grünen Lippenstift. Von der Verkäuferin auf den ungewöhnlichen Wunsch angesprochen verrät sie:

»Ich habe ein Date
mit einem Lokführer
und möchte ihm das Signal
für freie Fahrt geben.«

102 Wie nennt man es, wenn die Frau des Lokführers ihren Mann mit einem Busfahrer betrügt?
Schienenersatzverkehr.

103 An einer Nebenbahnstrecke steht eine Dampflok beim Wasserfassen. Das Lokpersonal kümmert sich liebevoll um die Lok, sie wird sorgfältig abgeschmiert und entschlackt. Ein Lehrer mitsamt seiner Schulklasse kommt vorbei und doziert, dass es sich hierbei um eine uralte Lok handelt, die nicht mehr zeitgemäß sei. Das Lokpersonal hört mit und ist empört. Lokführer und Heizer erklären dem Lehrer, dass die Lok erst 25 Jahre alt ist. Ein Schüler fragt, warum die Lok dann so alt aussähe. Daraufhin antwortet der Lehrer: »Das kommt vom vielen Rauchen.«

104 Zwei Schaffner treffen sich an einem Unterwegsbahnhof. »Na«, sagt der eine, »heute alles planmäßig?« »Nein«, seufzt der andere, »heute alles pünktlich.«

105 Eine kleine Feldbahndampflok müht sich kurz vor der Front an einer Steigung ab, doch der Zug schafft es einfach nicht. »Was ist hier los?«, brüllt der Major. »Warum halten Sie an?«
»Herr Major, die Steigung ist 1:18«, sagt der Gefreite auf der Lok.
»Egal«, brüllt der Vorgesetzte, »Sie müssen da raufkommen, und wenn die Steigung 1:1.000 ist!«

106 Der Opa nimmt seinen Enkel mit an die Steilstrecke, auf der einst als Lokführer unterwegs war. »Schau mal da«, sagt er, »an dieser Kurve habe ich mal mit einem Schotterzug mit über 100 Achsen festgehangen.«
»Aber Opa«, beschwert sich der Enkel, »beim letzten Mal waren es noch 50 Achsen.«
»Ja, da hast du gut aufgepasst«, sagt der Opa, »aber damals warst du noch zu jung für die ganze Wahrheit.«

107 Der letzte große Eisenbahnunfall in Österreich wurde endlich aufgeklärt: Keiner der beiden beteiligten Züge hielt sich an die fahrplanmäßige Verspätung.

108 Ein Ostfriese möchte eine Fahrkarte kaufen. »Wohin?«, fragt der Bahnbeamte. Empört ruft der Ostfriese: »Das geht Sie überhaupt nichts an!«

109 Ein Kunde im Modellbahnladen: »Ich möchte meinem Patenkind gerne eine moderne Modellbahnanlage schenken.« »Aha«, sagt der Verkäufer, »was verstehen Sie denn unter modern?« »Naja, mit stillgelegtem Bahnhof, verrosteten Gleisen und Graffiti auf den Zügen.« Der Verkäufer zieht einen Karton aus dem Regal. »Das ist unser Startset ›Deutsche Bahn‹. Gleise, Trafo, Bahnhof ... alles dabei.« »Und wo ist der Zug?«, fragt der Kunde verwundert. Der Verkäufer zuckt die Schultern: »Der kommt später.«

Fakt 16

Schnee und Zähne: Ein Vorläufer der Dampf-Schneefräse für die Eisenbahn wurde von dem kanadischen Zahnarzt J. W. Elliot entwickelt. Er meldete seine *Compound Revolving Snow Shovel* zwar zum Patent an, zur praktischen Umsetzung kam es jedoch erst, nachdem dieses schon abgelaufen war.

Fakt 17

E-Dampflok: Warum Kohle verbrennen, wenn man Wasserdampf auch elektrisch erzeugen kann? Mitten im Zweiten Weltkrieg rüsteten die Schweizerischen Bundesbahnen zwei kleine Rangier-Dampfloks mit Stromabnehmern, Trafos und elektrischen Verdampfern aus, um den wertvollen Brennstoff zu sparen.

Fakt 18

Polit-Express: In Washington D.C. verkehrt eine nichtöffentliche kleine U-Bahn-Linie zwischen dem Kapitol und anderen Regierungsgebäuden. Das *US Capitol Subway System* wurde 1909 erbaut und setzt mittlerweile auf moderne führerlose Triebwagen.

110 Der Sohn eines Scheichs studiert in Europa und schreibt an seinen Vater: »Lieber Vater, es ist wunderbar hier, alle Kommilitonen sind sehr nett und ich komme im Studium gut voran. Mir ist es nur immer so peinlich, wenn ich mit meinem Porsche zur Uni fahre, während fast alle anderen Studenten und sogar viele Professoren mit dem Zug kommen.«
Am nächsten Tag folgt die Antwort per Mail:
»Lieber Sohn, ich überweise dir sofort zehn Millionen Dollar. Mach uns keine Schande und kaufe dir auch einen Zug. Dein Vater.«

111 In Berlin steigt ein Reisender in den Zug und bittet den Zugschaffner: »Wecken Sie mich bitte kurz vor Nürnberg, aber nachdrücklich, und wenn ich nicht aussteige, schmeißen Sie mich samt dem Koffer hinaus!«
Der Reisende schläft fest. Plötzlich heißt es:
»München, bitte alles aussteigen!« Entsetzt reißt der Mann die Abteiltür auf und schimpft los: »Schaffner, Sie Idiot, was habe ich Ihnen in Berlin gesagt?«
Ein zweiter Schaffner fragt seinen Kollegen: »Das lässt du dir gefallen? Das ist ja glatte Beamtenbeleidigung.«
»Ach was«, winkt der andere ab. »Da hättest du erst mal den hören sollen, den ich in Nürnberg mit dem Koffer rausgeschmissen habe!«

112 **Was muss eine Frau zuerst ausziehen, um einen Modelleisenbahner ins Bett zu bekommen?**

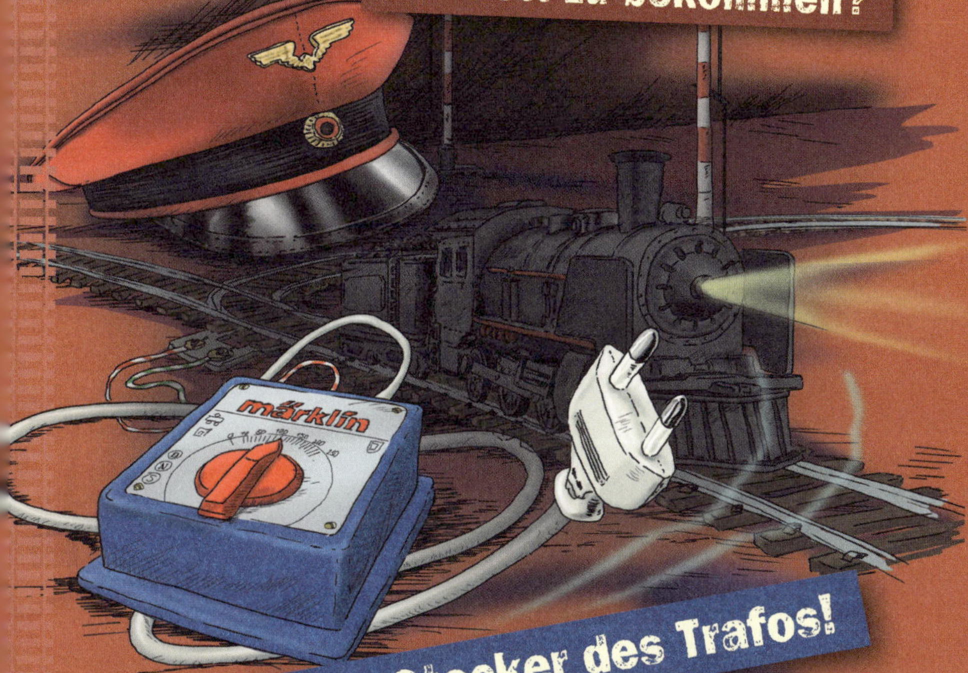

Den Stecker des Trafos!

113 Wie heißt das kostenlose Fitnessprogramm, das die Bahn ihren Kunden regelmäßig am Bahnsteig anbietet?
Geänderte Wagenreihung.

114 Ein altes Großmütterchen fährt in Leipzig erstmals mit der Straßenbahn. Beim Einsteigen fragt sie den Fahrer: »Wie weit isses bis zum Augustusplatz?«
»Noch ein gutes Stück«, antwortet der, »ich sage Ihnen Bescheid, wenn wir da sind.«
Nach zwei Haltestellen fragt sie schon wieder: »Wie weit isses bis zum Augustusplatz?«
»Ich sage Bescheid!«, sagt der genervte Fahrer. Als sie ankommen ruft er: »Augustusplatz, Ihre Haltestelle!«
Die Oma bedankt sich freundlich, nimmt ihr Gebiss aus dem Mund und setzt sich darauf. »Was machen Sie denn?«, fragt der verdutzte Straßenbahnfahrer.
Die Dame erklärt: »Mein Sohn hat gesagt: ›Am Augustusplatz setzte dich off de Zähne und fährst weiter bis Gohlis!‹«

115 Mit der Liebe ist es wie mit der Bahn: Sie kommt viel zu spät, ist unverschämt teuer und ehe man sich versieht, ist der Zug abgefahren.

116 Ein Reisender sagt am Fahrkartenschalter. »Eine einfache Fahrt nach Hamburg bitte, zweite Klasse, Platzkarte, Fensterplatz, in Fahrtrichtung, im Nichtraucherabteil, nicht über den Achsen, in der Nähe der Toiletten.« Der genervte Beamte am Schalter: »Wo hätten sie gern die Notbremse? In Hüft- oder in Kopfhöhe?«

117 Eine attraktive Frau läuft schwerbepackt über den Bahnsteig eines Kleinstadtbahnhofs und fragt nach längerem Zögern einen Mitreisenden: »Was halten Sie eigentlich von Frauen?«
Darauf erwidert der Mann: »Da bin ich sehr tolerant, Frauen sind genau gleich zu behandeln wie alle Männer und niemandem unterlegen.« Sie bedankt sich und geht weiter und stellt dem nächsten Fahrgast dieselbe Frage. Dieser erwidert: »Ich bin immer wieder fasziniert davon, was berühmte Wissenschaftlerinnen und Künstlerinnen geleistet haben.« Sie bedankt sich auch für diese Antwort und geht zu einem weiteren Mann. Dieser erwidert auf die Frage: »Ich mag Frauen nicht besonders und bin froh, wenn ich nichts mit ihnen zu tun habe.« Darauf die Frau: »Sie sind ein ehrlicher Mann, würden Sie bitte kurz auf mein Gepäck aufpassen, ich muss auf die Toilette.«

Fakt 19

So ein Theater: Das Bockenheimer Depot, die ehemalige Hauptwerkstatt der Straßenbahn Frankfurt (Main), fungiert seit 1988 als Spielstätte für Opern und Theaterstücke.

Fakt 20

Dampf-Ableiter: Windleitbleche sehen zwar schick aus, sie machen die Dampfloks aber nicht unbedingt schneller. Vielmehr leiten sie den Fahrtwind so in Richtung Schornstein, dass der Abdampf möglichst weit nach oben abgeleitet wird und dem Lokpersonal nicht die Sicht »vernebelt«.

118 Zwei Briten kommen an einen Fahrkartenschalter der DB und verlangen:
»Two to Toulouse.«
Der Bahnbeamte:
»Täterätätää!«

119 Spät in der Nacht wartet ein Auswärtiger an einem Haltepunkt im Nirgendwo auf den Zug. Ein Einheimischer kommt vorbei und weist ihn darauf, dass um diese Zeit kein Zug mehr fährt. Verwundert fragt der andere: »Aber warum sind dann die Gleise noch da?«

120 Ein eleganter Herr im Smoking betritt ein Zugabteil, am Schild ist zu erkennen, dass es sich um ein Raucherabteil handelt. Es sitzt schon eine Dame drin. »Gestatten Sie, dass ich rauche?«, fragt er höflich und lüftet den Hut.
Die Dame antwortet: »Fühlen Sie sich wie zu Hause.«
»Na dann eben nicht«, sagt der Herr beleidigt und steckt seine Zigarre wieder weg.

121 Ein kleiner Mann kommt mit zwei riesigen Koffern zum Fahrkartenschalter und möchte eine Karte nach Hintertupfingen. Er wird an den Schaffner verwiesen, weil dort schon lange keine Züge mehr halten.
Der weiß einen Rat: »Durch Hintertupfingen fahren wir nur mit 30 km/h, ich werde Sie dann mit samt Ihren Koffern am Bahnsteiganfang aus der ersten Tür halten und auf dem Bahnsteig absetzen!«
Nach reichlich Bedenkzeit lässt sich der kleine Mann darauf ein, lässt sich absetzen und rennt schließlich mit Restschwung noch über den Bahnsteig, als ihn ein Betrunkener im letzten Wagen rennen sieht. Der reißt die Tür auf, packt den kleinen Mann am Kragen und zieht ihn in den Zug.
Dann haut er ihm auf die Schulter und dröhnt: »Das hättest du bestimmt nicht gedacht, dass du diesen Zug noch erwischst, oder?«

122 Frau Müller macht Hausputz und trällert dabei selbstvergessen vor sich hin.
Ihr Mann schimpft aus dem Hobbykeller:
»Du hättest mir ja mal sagen können, dass du singst ...
... ich sitze hier und öle seit Stunden das Gestänge meiner 01!«
ZUM LEBEN BRAUCHE ICH
UND MEINE
LEXIKON DER MODELL EISENBAHN
Feinöl

123 »Entschuldigen Sie, Herr Schaffner. Kann man auf der nächsten Station etwas essen?«
»Selbstverständlich, mein Herr.«
»Gibt es dort auch ein gepflegtes Bier?«
»Ja, auch das.
»Und wie lange haben wir dort Aufenthalt?
»Gar keinen. Der Zug fährt durch!«

124 Gespräch unter Eisenbahner-Frauen: »Ich verstehe das einfach nicht. Unsere Männer legen Gleise, bauen Signale und steuern Hochgeschwindigkeitszüge. Und trotzdem nehmen wir ihnen ab, dass sie keinen Knopf annähen können.«

125 Fragen an den Bahnbeamten:
»Entschuldigen Sie, ist das mein Zug?«
»Nein, der gehört der Deutschen Bahn.«
»Machen Sie keine Witze. Ich will wissen, ob ich diesen Zug nach München nehmen kann?«
»Nein, dafür ist er viel zu schwer.«

126 Ein Ire kommt an den Bahnhof und stellt sich an den Fahrkartenschalter. »Ich hätte gern eine Rückfahrkarte«, verlangt er. »Wohin?«, wird er gefragt. »Hierher!«, sagt der Ire.

127 Ein Vater klagt dem anderen sein Leid: »Meine Kinder machen was sie wollen: Rauchen, Trinken, harte Drogen ... ich weiß nicht, was ich noch tun soll.« »Tja«, antwortet der andere, »zum Glück haben wir so früh mit der Modelleisenbahn angefangen. Mein Sohn wird sich nie Drogen leisten können.«

128 Ein Ostfriese steht auf dem Bahnsteig. Nach der Lautsprecherdurchsage springt er plötzlich mitsamt seinem Koffer auf die Gleise. »Was machen Sie denn?!«, ruft ein Mitreisender entgeistert. »Kommen Sie wieder rauf, der Zug kommt gleich!« »Wieso?«, fragt der Ostfriese. »Kommen Sie lieber schnell hier runter! Es hieß doch gerade, der Zug kommt auf Bahnsteig 4!«

Fakt 21

Zum Strahlen: Atomlokomotiven waren in den Jahren nach dem Zweiten Weltkriegen vor allem in den USA im Gespräch, versprach die neuartige Energiequelle doch atemberaubende Leistungssteigerungen. Leider – oder zum Glück – wurde das Projekt zu teuer und der fahrende Reaktor mit fünfzehn Achsen nie verwirklicht.

Fakt 22

Genialer Versager: August Borsig, Gründer der Borsig-Lokomotivwerke, fiel in seiner Ausbildung durch schlechte Leistungen in Naturwissenschaften auf. Christian Wilhelm Peter Beuth, Leiter der preußischen Gewerbeakademie, hielt Borsig für völlig untauglich, was diesen nicht daran hinderte seine 24. Lokomotive »Beuth« zu nennen ...

Fakt 23

Großer Junge: Der »Big Boy« gilt vielen als die größte Dampflokomotive der Welt. Tatsächlich gibt es mindestens drei Lokbaureihen die noch länger und zum Teil auch schwerer sind, etwa die S1 der Pennsylvania Railroad mit knapp 43 Metern Länge. Der Big Boy bringt es dagegen »nur« auf 40,5 m.

129 Zwei Hipster unterhalten sich: »Nachhaltigkeit ist mir irgendwie schon voll wichtig und so. Was tust du eigentlich gegen den Klimawandel?«
Der andere zwirbelt seinen Bart und sagt: »Ich werfe meine Zugfahrkarten nicht einfach weg, sondern benutze sie mehrmals!«

130 Ein Betrunkener steigt in die wartende S-Bahn. »Einfache Fahrt bis zum Hauptbahnhof bitte«, lallt er den Schaffner an. »Da stehen wir doch gerade«, entgegnet der Angesprochene verwundert.
Der Betrunkene gibt ihm zehn Euro und sagt: »Der Rest ist für Sie, aber rasen Sie das nächste Mal nicht wieder so!«

131 Wo macht ein Rangierer am liebsten Wanderurlaub? Auf dem Ablaufberg!

132 **Was ist der Unterschied zwischen einer Modelleisenbahn und der weiblichen Brust?**
Es gibt keinen. Beides wurde für Kinder gemacht, aber meistens spielen die Väter damit.

133 **Wann ist ein Hase genau so schnell wie ein D-Zug?**

Wenn er mitfährt!

134 Rostock 1985: Der Staatsratsvorsitzende Erich Honecker inspiziert den Hafen. Er sieht drei Schiffe vor Anker liegen. Er geht zum ersten und fragt einen Matrosen: »Na Genosse, wohin geht die Reise?«
»Wir bringen Dünger nach Mosambik und kommen mit einer Ladung Kaffee zurück!«
»Gut Genosse! Weitermachen!« Beim zweiten Schiff dieselbe Frage: »Na Genosse, wohin geht die Reise?«
»Wir haben Fahrräder geladen, die wir zu Genosse Fidel Castro nach Kuba bringen. Zurück kommen wir mit einer Ladung Südfrüchte!«
»Gut, Genosse! Weitermachen!« Beim dritten Schiff:
»Na Genosse, wohin geht die Reise?«
»Wir bringen Kaffee und Bananen nach Leningrad!«
»Und womit kommt ihr zurück?«
»Na, wie immer – mit der Eisenbahn ...«

135 Es ist Hochsommer. Ein Fahrgast fragt den Abteilnachbarn gegenüber: »Entschuldigung, können Sie mir helfen, mein rechtes Bein auf den Sitz zu legen?«
Mitleidig erfüllt der andere den Wunsch. Nach einer kleinen Weile: »Wären Sie so freundlich, mir das Kissen aus dem Gepäcknetz zu geben?« Auch dieser Wunsch wird erfüllt sowie eine Reihe weiterer Gefälligkeiten. Schließlich fragt der Mitreisende: »Sagen Sie, was fehlt Ihnen eigentlich?«
»Mir fehlt gar nichts, aber ich habe Urlaub!«

136 Drei stark alkoholisierte Herren kommen auf den Bahnhof. Als sie auf den Bahnsteig treten, fährt der Zug gerade an und alle drei rennen los. Zwei von ihnen können der Stationsvorsteher und ein Gepäckträger gerade noch in den Zug bugsieren, für den Dritten ist es zu spät. Traurig steht der auf dem Bahnsteig und schaut dem Zug hinterher. »Tut mir leid, dass Sie es nicht mehr geschafft haben«, sagt der Stationsvorsteher. »Ja«, erwiderte der Mann, »meinen Freunden wird es auch leidtun. Sie wollten mich nur zum Zug bringen.«

137 Lautsprecherdurchsage am Hauptbahnhof Stuttgart:
»Zug nach München um 12 Uhr.
Zug nach Köln um 14 Uhr.
Zug nach Ostfriesland:
Wenn der große Zeiger
auf der Zwölf
und der Kleine auf der
Drei steht!«
5
17:27
Stuttgart Hbf
Bild

138 Der ehemalige Verkehrsminister Scheuer will während seiner Amtszeit auf dem Berliner Hauptbahnhof eine Fahrkarte kaufen: »Einmal erster Klasse nach Neustadt, bitte!« Die Ticketverkäuferin fragt: »Welches Neustadt? Neustadt an der Aisch, Neustadt in Sachsen, Neustadt am Main, Neustadt an der Donau, an der Waldnaab, am Rübenberge oder an der Weinstraße?« Scheuer antwortet: »Das ist egal, mein Staatssekretär holt mich am Bahnhof ab.«

139 Ein älterer Herr erkundigt sich beim Aufsichtsbeamten nach den Abfahrtszeiten. »Der letzte Zug ist hier um neunzehnfünfundfünfzig abgefahren.« »Wirklich?«, staunt der Fragende. »Sie warten schon seit über 60 Jahren auf den nächsten?«

140 Horst streitet sich mit dem Zugbegleiter über die Gültigkeit seines Fahrscheins. Schließlich verliert er die Geduld. »Sie sollten nicht vergessen, dass Sie von mir als Fahrgast leben!«, schreit er ihn an. Der Schaffner entgegnet gelassen: »Sie können gern am nächsten Bahnhof aussteigen und mich verhungern lassen!«

141 Was ist ein Pedant? Ein Modellbahner, der morgens um vier Uhr aufsteht, um bei seiner Anlage den Arbeiterfrühzug abzufertigen. Und woran erkennt man einen extrem pedantischen Modellbahner? Er bleibt auch noch bis drei Uhr wach, bis der letzte Nachtzug im Schattenbahnhof abgestellt wurde.

142 Ein Großstädter fährt mit der Kleinbahn durchs Erzgebirge. »Entschuldigen Sie,« fragt er einen Einheimischen, »könnten Sie mir Bescheid sagen, wenn ich aussteigen muss? Die Station heißt Niederschmiedeberg.«
»Ganz einfach«, antwortet der andere, »schauen Sie einfach, wenn ich in Oberschmiedeberg aussteige, die Station davor ist Ihre.«

Fakt 24

Eselei: Pferde-Straßenbahnen kennt man. Im kalifornischen Santa Barbara verkehrte allerdings bis 1896 eine Straßenbahn, die von Maultieren gezogen wurde.

Fakt 25

Historischer Untergrund: Der Bau der U-Bahn von Thessaloniki löste die größte archäologische Grabung in der Geschichte Nordgriechenlands aus. Unter anderem deshalb ist die Bahn bis heute nicht fertiggestellt worden. In Griechenland wird das Projekt ähnlich ironisch kommentiert wie in Deutschland der Bau des BER.

Fakt 26

Nicht von Pappe: Eisenbahnräder aus gepresstem Papier sorgten bei den frühen Schlaf- und Speisewagen der Firma Pullman für größtmögliche Laufruhe. Die gepressten und laminierten Papierschichten wurden zwischen dem stählernen Radreifen und der Nabe eingearbeitet und gegen äußere Einflüsse mit gusseisernen Platten geschützt.

143 Eine Gruppe von Ingenieuren und eine Gruppe von Betriebswirten fahren mit dem Zug zu einer Tagung. Jeder Betriebswirt besitzt eine Fahrkarte, dagegen hat die ganze Gruppe der Ingenieure nur ein einziges Ticket. Plötzlich ruft einer der Ingenieure: **»Der Schaffner kommt!«**, worauf sich alle Ingenieure in eine der Toiletten zwängen. Der Schaffner kontrolliert die Betriebswirte, sieht, dass das WC besetzt ist, klopft an die Tür und ruft: **»Die Fahrkarte bitte!«** Einer der Ingenieure schiebt die Fahrkarte unter der Tür durch, der Schaffner entwertet sie und geht zufrieden weiter. Auf der Rückfahrt beschließen die Betriebswirte, denselben Trick anzuwenden und kaufen nur eine Karte für die ganze Gruppe. Sie sind sehr verwundert, als sie merken, dass die Ingenieure diesmal überhaupt keine Fahrkarte haben. Wieder ruft einer der Ingeniere: **»Der Schaffner kommt!«**. Sofort stürzen die Betriebswirte in das eine WC, die Ingenieure machen sich etwas gemütlicher auf den Weg zum zweiten WC am anderen Wagenende. Bevor der letzte Ingenieur die Kabine betritt, klopft er bei den Betriebswirten an und sagt: **»Die Fahrkarte bitte!«** Ordnungsgemäß wird sie unter der Tür durchgeschoben ...

Fazit: **Betriebswirte wenden die Methoden der Ingenieure an, ohne sie wirklich zu verstehen.**

144
Ein Russe steht an den Gleisen der Transsibirischen Eisenbahn. Ein Landsmann kommt auf einer Handhebeldraisine vorbei.
»He, hallo!«,
ruft der Wartende.
»Ist es noch weit
bis nach Moskau?«

Der andere hält an. »Nein, nicht allzu weit.«

Der Wartende steigt auf und hebelt fleißig mit.

Nach einigen Stunden tun ihm die Arme weh und er fragt: »Ist es noch weit bis nach Moskau?«

»Nein«, entgegnet der andere, »jetzt ist es sehr weit bis nach Moskau!«

Fakt 27

Größte »Kleine«: Die größte »Modelleisenbahn« hat den Maßstab 1:3. Liliputeisenbahnen wie die Parkeisenbahnen in Dresden, Leipzig und Stuttgart verwenden Nachbauten von »großen« Dampflokomotiven, sie stellen jedoch eigenständige Eisenbahnfahrzeuge dar, die nach einer eigenen Bau- und Betriebsordnung verkehren. In Großbritannien werden Bahnen dieser Art sogar für den lokalen Regionalverkehr eingesetzt.

Fakt 28

Premiere: Der erste komplett mit Graffiti ver(un)zierte Zug in Deutschland war ein Triebwagen der Baureihe 420, eingesetzt bei der S-Bahn-München. Er ging als »Geltendorfer Zug« in die Annalen der Szene ein.

Fakt 29

Schlafwagen: Im *Red Caboose Motel* in Ronks, Lancaster County, Pennsylvania kann man in ehemaligen Güterzug-Begleitwagen (cabooses) übernachten. Jeder der insgesamt 38 Wagen ist in der Farbe einer anderen amerikanischen Eisenbahngesellschaft gestaltet.

145 Warum sind die Lokomotiven der Österreichischen Bundesbahnen zusätzlich mit GPS ausgestattet? Damit sie den Zug, den sie treffen sollen, nicht verfehlen.

146 In der völlig überfüllten S-Bahn spricht ein Fahrgast einen anderen an: »Sagen Sie mal, wie alt sind sie eigentlich?«
»33, wieso?«
»Meinen Sie nicht, dass Sie dann alt genug sind, um auf eigenen Füßen zu stehen?«

147 Ein Ehepaar kommt zum Bahnhof. Die Frau beauftragt ihren Mann: »Da ist der Informationsschalter, frag dort mal nach, wann der nächste Zug nach Gelsenkirchen fährt.« Nach einer Weile kommt der Mann zurück: »Der Beamte sagt, er verkehrt täglich um acht Uhr und um 16 Uhr, außer an Sonn- und Feiertagen.«
»Daran solltest du dir mal ein Beispiel nehmen! Und wann fährt nun der Zug nach Gelsenkirchen?«

148 Zu Zeiten der Preußischen Staatseisenbahnen kommt ein Schwabe in Berlin an den Fahrkartenschalter und sagt: »I mecht a Billet auf Esslenga, bitte!« Der Beamte sieht ihn befremdet an und sagt dann streng: »›Auf Esslenga‹ haben wir hier nicht, hier gibt es nur Fahrkarten ›nach Esslingen‹.« Da zuckt der Schwabe die Schultern und meint: »No gebet se mir ebe dia, von Plochenga ka e ja zrücklaufa.«

149 Ein Besucher in einer fremden Stadt fragt: »Entschuldigung, wie komme ich denn hier zum Bahnhof?«

Es antwortet ihm …

… ein Politiker:

»Sie möchten also wissen, wo der Bahnhof ist?«

… ein Lehrer:

»Wenn Sie aufgepasst hätten, müssten Sie mich nicht fragen.«

… ein Zahnarzt:

»Das kann ich Ihnen sagen, aber das ist keine Kassenleistung.«

... ein Manager:
»Fragen Sie nicht lange. Gehen Sie einfach hin.«

... ein Esoteriker:
»Wenn du da hinsollst, wirst du den Weg auch finden.«

... ein Paartherapeut:
»Welchen Stellenwert hat diese Frage in Ihrer Beziehung wirklich?«

... ein Geistheiler: »Für die Antwort brauchen wir viel positive Energie. Lass uns einen Kraftkreis bilden und die Erdgöttin Gaia anrufen.«

... ein Verhaltenstherapeut: »Heben Sie den rechten Fuß! Schieben Sie ihn nach vorn! Setzen Sie ihn auf! Sehr gut, hier haben Sie ein Gummibärchen.«

... ein Familientherapeut: »Für wen in der Familie ist es besonders wichtig, dass Sie zum Bahnhof gehen?«

... ein Coach: »Wenn ich Ihnen die Lösung vorkaue, wird das Ihr Problem nicht dauerhaft beseitigen.«

150 Ein Straßenbahnfahrer klingelt wild, weil genau vor ihm auf den Gleisen ein Mann mit einem Gemüsekarren dahintrottet. Schließlich beugt er sich aus dem Fenster und brüllt: »Kannst du nicht mal aus dem Gleis mit deinem blöden Karren?«
»Ich schon«, schmunzelt der Gemüsehändler, »aber du nicht!«

151 Welche Eisenbahner sind die schnellsten?
Die Lokalbahner! Um 17:00 Uhr Feierabend, um 15:00 Uhr schon am Kaffeetisch!

152 Zur Zeit des großen Goldrausches reist ein Journalist in eine weit abgelegene Stadt in Alaska. Zuerst nimmt er den Zug, dann muss er noch mehrere Stunden mit einem Hundeschlitten fahren. Als er völlig durchgefroren ankommt fragt er den Bürgermeister: »Haben Sie nie in Erwägung gezogen, den Bahnhof näher an der Stadt zu bauen?«
»Doch haben wir«, antwortet der Bürgermeister, »aber dann haben wir beschlossen, dass der Bahnhof lieber näher an der Bahnstrecke sein sollte.«

153 Zwei Betrunkene kriechen auf den Schienen nach Hause. Einer stöhnt: »Wann ist denn diese Leiter endlich mal zu Ende?«
»Keine Sorge«, sagt der andere, »da kommt gerade ein Fahrstuhl.«

154 Wie viele Schaffner braucht man, um eine Glühbirne zu wechseln?

Eigentlich nur einen, aber das bringt nichts, denn er macht erstmal **ein Loch** in die neue Birne!

Fakt 30

TV-Studio mit Gleisanschluss: Die WDR-Sendung »Bio's Bahnhof« wurde von 1978–1982 aus einem ehemaligen Depot der Köln-Frechen-Benzelrather Eisenbahn gesendet. Die Studiogäste konnten so zum Teil mit dem Zug direkt auf die Bühne fahren, und als Garderobe dienten alte Güterwagen.

Fakt 31

Kombi-Verkehr: Im *Metro Bus Tunnel* von Seattle teilen sich Straßenbahn und Bus dieselbe Tunnelröhre. Der Tunnelboden ist als Betonfahrbahn mit eingelassenen Straßenbahngleisen konstruiert.

Fakt 32

Graffiti für den guten Zweck: »Noah's train« ist das längste mobile Kunstwerk der Welt – ein Güterzug beladen mit knapp 20 Containern, die von Graffitikünstlern aus ganz Europa mit Naturmotiven verziert wurden. Das Projekt soll für den Güterverkehr auf der Schiene werben und damit zum Klimaschutz beitragen.

155 Ein frisch vermähltes Paar kauft sich Ikea-Möbel fürs Schlafzimmer, doch mit dem Kleiderschrank Sønke gibt es ein Problem: Er stürzt immer dann zusammen, wenn draußen die Straßenbahn vorbeirumpelt.
Die Frau bestellt einen Handwerker, der zunächst die Statik überprüft: Von außen sieht alles gut aus, also steigt er probehalber in den Schrank. Die Dame des Hauses geht derweil ins Bad und duscht. Da kommt ihr Mann ungeplant früher von der Arbeit und geht ins Schlafzimmer, um sein Jacket in den Schrank zu hängen. Als er den Handwerker darin hocken sieht, wird er wütend und schreit: »Was machen Sie hier?!«
»Sie werden das jetzt nicht glauben«, sagt der Handwerker, »aber ich warte auf die Straßenbahn.«

156 **Warum haben Gebirgsstrecken so viele Kurven?**
Damit der Lokführer kontrollieren kann, ob noch alle Wagen am Zug hängen.

157 Ein kleiner Junge kauft beim Fachhändler eine kleine Märklin-Diesellok. Schon am nächsten Tag steht er mit dem Modell wieder beim Händler und möchte sie reklamieren: »Schauen Sie mal, die Lok ist da unten kaputt.« Tatsächlich, der Mittelschleifer unter der Lok ist abgerissen, also montiert der Händler schnell einen neuen. Leider hält auch der zweite Schleifer nur einen Tag. Wieder weist der kleine Kunde auf den Defekt hin, mit säuerlicher Miene baut der Händler erneut einen neuen Schleifer unter die kleine Diesellok.
Aber auch am dritten Tag kommt der Neu-Modellbahner mit der defekten Lok in den Laden, wieder ist der Mittelschleifer abgerissen.
Darauf der Händler: »Sowas habe ich noch nie erlebt, die Schleifer halten normalerweise viele Jahre lang. Was machst du denn mit der Lok?«
Der Junge sagt: »Naja, ich stelle die Lok auf den Boden, lege meine Hand obendrauf und schiebe dann los – brummm – brummm – brummm ...«

158 Einem Eisenbahner erscheint eine gute Fee, die ihm drei Wünsche erfüllt. Nach zwei Wünschen sagt sie: »Jetzt ist nur noch ein Wunsch übrig, denke gut nach, was du dir wünschst.«
Der Eisenbahner überlegt nicht lange: »Ich wünsche mir die Reaktivierung aller stillgelegter Nebenstrecken!«
»Hm«, sagt die Fee, »ein ziemlich großer Wunsch. Fällt dir nicht Vernünftigeres ein?«
»Wenn das so ist ... dann wäre ich gerne in der Lage, die Entscheidungen des Bahn-Managements zu verstehen!«
»Also gut«, seufzt die Fee, »sollen die Strecken eingleisig oder zweigleisig sein?«

159 Ein Pärchen hetzt zum Bahnhof. Gerade als sie angekommen sind fährt ihnen der Zug vor der Nase weg. Beschwert sich die Frau: »Das ist alles deine Schuld. Hätten wir uns mehr Zeit gelassen, dann müssten wir jetzt nicht so lange auf den nächsten Zug warten!«

160 **Ein ranghohes Mitglied des Bahnvorstands fährt im ICE zu einem politischen Gipfel in Berlin. Beim nächsten Halt geht er zum Lokführer und beschwert sich: »Auf dieser Strecke sind nur 150 km/h erlaubt, laut Geschwindigkeitsanzeige in der 1. Klasse waren wir mit bis zu 210 km/h unterwegs!«**
Nach einem hitzigen Schlagabtausch sagt der Lokführer: »Sie können gar nicht 210 km/h schnell gewesen sein, mein Tacho hat 150 km/h angezeigt und Sie haben mich nicht überholt!«

161 **Ein Lokführer fragt den anderen: »Ist Zg 1 eigentlich ein gutes Signal?«**
»Nein«, sagt der andere, »das ist ein Spitzensignal*!«

** Gemeint ist das Dreilicht-Spitzensignal, also die drei weißen Lichter vorne am Triebfahrzeug, der Spitze des Zuges.*

162 Eine Gruppe Halbstarker übertrifft sich gegenseitig beim S-Bahn-Surfen. Einer steckt den Kopf besonders weit aus dem Fenster. »Achtung«, rufen die anderen, »da kommen Betonpfeiler!«
»Was?«, brüllt der Surfer zurück, »wo kommen da Bet-dong-dong-dong-dong ...«

163 Ein Ostfriese besucht einen Freund im Süden. Völlig bleich klettert er am Zielbahnhof aus dem Zug und hält sich schwankend am Bahnhofsschild fest.
»Um Himmels Willen, was ist denn mit dir passiert?«, fragt ihn sein Freund besorgt.
»Ach«, entgegnet der Ostfriese, »ich musste rückwärtsfahren, dabei wird mir immer so schlecht.«
»Warum hast du nicht einfach mit deinem Gegenüber den Platz getauscht?«
»Das ging nicht, ich saß alleine im Abteil.«

... und Tschüss!